AF440356

CONSTITUTION

ET

APPEL AU PEUPLE

PAR

E. LAFFINEUR

Rédacteur en chef de l'*Indépendant de l'Oise*.

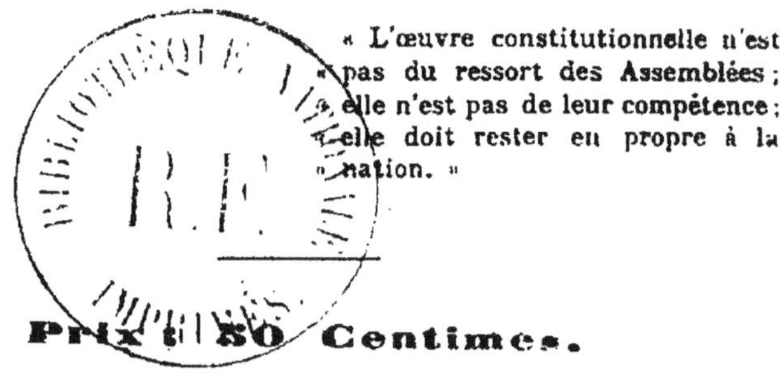

« L'œuvre constitutionnelle n'est
« pas du ressort des Assemblées ;
« elle n'est pas de leur compétence ;
« elle doit rester en propre à la
« nation. »

Prix : 50 Centimes.

PARIS

ARMAND LE CHEVALIER, ÉDITEUR

61, rue Richelieu, 61.

1873.

Cette brochure était destinée à paraître avant le vote du 19 novembre. Loin de modifier nos opinions, les grands débats, auxquels nous avons assisté, les ont confirmées. Il n'est pas de raison d'Etat qui autorise le parti républicain à se rallier à l'Appel au Peuple bonapartiste.

E. LAFFINEUR.

L'APPEL AU PEUPLE

PROPOSÉ PAR

M. TURQUET	M. ROUHER
républicain.	*bonapartiste.*
—	—

ARTICLE 1.

Le premier dimanche de janvier 1874, les électeurs seront convoqués dans leurs comices pour se prononcer sur la forme définitive du gouvernement de la France.

ARTICLE 2.

Les bulletins de vote seront déposés dans une urne unique, et contiendront l'une des trois formules suivantes :

Empire,
Royauté,
République.

ARTICLE 1.

Le peuple français est convoqué dans ses comices, le dimanche 4 janvier 1874, pour se prononcer sur le gouvernement définitif de la France.

ARTICLE 2.

Chaque électeur déposera dans l'urne du scrutin un bulletin de vote portant l'une des déclarations suivantes :

Royauté,
République,
Empire.

Les auteurs de cette double proposition invoquent la souveraineté nationale. Dans la forme, ils la respectent; au fond, ils la violent.

Les bonapartistes, en se plaçant sur ce terrain, sont corrects avec leur conduite. d'accord avec leurs antécédents.

Les républicains, en adhérant ainsi à l'Appel au Peuple, abdiqueraient leur premier principe.

Il faut donc que l'équivoque cesse. Le respect de la souveraineté nationale ne permet pas d'accepter, la proposition faite par M. Turquet d'un côté et par M. Rouher de l'autre ; nous allons essayer de le démontrer (1).

---

(1) Vote du 19 novembre sur l'Appel au Peuple :

Pour	88
Contre	482
Abstentions	144

Dans ce scrutin sur l'Appel au Peuple, nous trouvons, parmi les votants et les abstentionnistes, un grand nombre de républicains.

Il est donc plus urgent que jamais de bien dégager les principes méconnus dans ce vote du 19 novembre.

II

La souveraineté nationale est l'expression de la liberté individuelle; comme cette liberté, elle est inaliénable et imprescriptible.

Or, la Royauté repose sur la négation même de la souveraineté nationale.

L'Empire, qui prétend emprunter son droit d'être à cette souveraineté, en est l'abdication consacrée par un vote.

La République seule est la conséquence directe de la souveraineté nationale; seule, elle en consacre l'exercice continu, inaliénable et imprescriptible.

Il est donc impossible de prétendre qu'on respecte la souveraineté nationale, quand on demande au peuple de sanctionner par un vote la Royauté, qui la nie, l'Empire, qui en est l'abdication. Au fond de ce vote,

il n'y a que l'escamotage d'un droit inaliénable et imprescriptible.

Au nom de la souveraineté nationale,
on ne peut pas, sans forfaire, demander
à une nation de renier son droit souverain
au profit d'un roi, ou de l'abdiquer entre
les mains d'un César héréditaire. L'Appel
au Peuple n'est légitime, ne se conçoit et
n'a sa raison d'être, que pour déterminer
le mode d'exercice de la souveraineté nationale mise hors de cause, en soumettant
à la ratification populaire la loi constitutionnelle préalablement élaborée et dis-
cutée par les mandataires de la nation.

L'Amérique, la Suisse ont toujours appli-
qué cette vérité ; jamais elles n'ont entendu
faire un autre usage de la souveraineté nationale.

Les bonapartistes peuvent en user autrement ; mais il n'y a pas de raison d'Etat
qui autorise les républicains à permettre
l'exercice de la souveraineté nationale
pour la détruire.

III

L'appel au peuple sur ces trois mots : *République, Empire, Royauté*, est donc faux dans son principe.

Peut-il au moins se justifier dans sa teneur, dans la manière dont il s'offre à nous ? Non.

Sous prétexte de poser une question simple, les auteurs de cette proposition mettent, au contraire, le peuple en demeure de se prononcer définitivement sur un problème essentiellement complexe, et non défini.

Le mot *République* n'implique aucun organisme spécial de gouvernement; il peut aussi bien s'adapter à un régime dictatorial, qu'à un régime libéral.

Le mot *Empire* n'est pas plus explicite : contient-il, dans ses flancs, la dictature de

1852 ou la Constitution de 1870 ? On répondra sans savoir.

Le mot *Royauté* laisse devant nous un horizon tout aussi large : s'agit-il de la Royauté légitime qui répudie la Révolution de 1789, ou de la Royauté constitutionnelle qui l'accepte ; est-ce le drapeau blanc ou le drapeau tricolore, qui sortira de l'urne ? Rien ne le dit.

Faux dans son principe, l'Appel au Peuple sur trois formules aussi vagues n'ouvre la porte qu'à l'inconnu : cette ignorance de ce que serait le pays le lendemain du vote, démontre jusqu'à la dernière évidence ce qu'il y a d'illusoire dans une telle façon d'avoir recours à la nation, ce qu'il y a de puéril à l'appeler à se prononcer sur des mots, sur des étiquettes, destinés à couvrir toutes les conceptions, toutes les usurpations possibles, le lendemain du vote acquis.

IV

Est-ce à dire que la nation ne doit pas participer à la confection de la loi constitutionnelle, ainsi que se prononcer souverainement, en dernier ressort, sur l'adoption de cette loi ?

Refuser au peuple un pareil droit, ce serait méconnaître la nature de la loi dont il s'agit, et violer le principe que nous défendons contre ses adversaires, conscients ou inconscients.

V

Voyons, en effet, ce qu'est la loi constitutionnelle, en quoi elle se distingue des autres.

Cette loi a pour but de régler les rapports des mandataires et des mandants, des gouvernants et des gouvernés, tandis que les autres lois ont pour but de régler les rapports des mandataires entr'eux, leurs droits réciproques, et leurs devoirs, leurs obligations vis-à-vis de l'Etat.

La loi constitutionnelle est la réserve que le peuple fait de ses droits, vis-à-vis de ses mandataires, droits qu'il inscrit dans sa charte. « C'est la garantie, comme l'a reconnu M. Laboulaye, prise par le peuple contre ceux qui font ses affaires, afin qu'ils n'abusent pas contre lui du mandat qu'on leur a confié (1). »

Pour que cette loi soit valable, le consentement des deux parties intéressées, des mandataires et des mandants, est nécessaire. On ne conçoit pas, en effet, une loi qui résulterait de la confusion du consentement des deux parties intéressées : une pareille idée, qui se traduirait en fait par l'absorption de la volonté des mandants dans celle des mandataires, serait la négation même de la loi constitutionnelle, destinée à régler les rapports des uns et des autres.

Il n'est donc pas une Assemblée, dans un pays qui reconnaît la souveraineté natio-

(1) Dans la séance du 19 novembre, M. Laboulaye a exprimé la même idée dans les termes suivants :

« Oui, messieurs, je crois, avec tous les jurisconsultes de Suisse et d'Amérique, que la Constitution étant la loi des pouvoirs publics, étant la garantie prise contre les usurpations du législateur, il est nécessaire, dans un gouvernement libre, que le peuple sanctionne cette loi, afin que la seconde Assemblée ne détruise pas ce qu'a fait la première. »

nale, pas une qui ait le droit de faire seule la Constitution, sans la participation de la nation.

Si cette participation n'a pas lieu, la loi fondamentale du gouvernement institué est viciée dans son essence, et manque d'un des éléments nécessaires à la formation de toute loi, de tout contrat, du consentement d'une des parties contractantes, la nation.

C'est pour avoir, dès l'origine, mis en pratique ces idées, que la Suisse et l'Amérique ont édifié des Constitutions durables, véritables Chartes de garanties pour les droits du peuple, que le peuple a ratifiées et qu'il a toujours respectées.

VI

Dans les circonstances critiques, où se trouve la France, où se joue sa destinée présente et future, il était essentiel de dégager les principes qui condamnent les solutions de hasard, et qui montrent à nos législateurs la seule voie à suivre, pour arriver à donner à la France une Constitution solidement assise, reposant sur sa vraie base.

Qu'est-ce à dire? Que l'Assemblée doive se séparer pour faire place à une autre qui sera Constituante? Pas besoin n'est. *L'œuvre constitutionnelle n'est pas du ressort des Assemblées; elle n'est pas de leur compétence; elle doit rester en propre à la nation.*

Nous n'avons qu'à demander simplement à nos législateurs actuels d'organiser la procédure constitutionnelle, telle qu'elle est en usage dans les démocraties Suisse et

Américaine : s'ils y consentent, le peuple fera sa Constitution, pendant que ses mandataires continueront à s'occuper de la gestion des affaires, jusqu'au jour où la Constitution faite et sanctionnée par la nation, les électeurs seront appelés à nommer une Assemblée nouvelle.

VII

Ainsi fut élaborée et édifiée la Constitution fédérale des Etats-Unis. Pendant que la Convention de Philadelphie, dûe à l'initiative du grand patriote Hamilton, préparaît la Constitution, le Congrès siégeait et restait détenteur des pouvoirs publics.

En 1787, l'Amérique sortait de la guerre d'indépendance : l'union des Etats qui s'était faite dans un moment de péril commun, pour défendre la cause commune, était sur le point de se rompre. Le Congrès devenait impuissant et perdait toute autorité sur les Etats. L'Amérique marchait à sa ruine. Hamilton proposa de faire nommer une *Commission* chargée d'élaborer la Constitution, qui ne deviendrait loi des Etats, que quand les Etats l'auraient ratifiée. La commission fut nommée : la Constitution fut préparée; les Etats l'adoptèrent.

Les Etats-Unis allaient disparaître ; ils furent fondés.

N'y a-t-il pas là pour nous une grande leçon, un grand exemple dont nous pouvons faire profiter notre pays, et qui lui indique le moyen de mettre un terme définitif aux embarras de la situtation présente, aux incertitudes de l'avenir.

VIII

La France a besoin d'une Constitution. Que demandons-nous pour elle : qu'on or-organise la procédure constitutionnelle comme elle fonctionne en Amérique et en Suisse.

Cette proposition n'a pas simplement le mérite d'être correct et de respecter le principe de la souveraineté nationale : cet avantage tout théorique serait trop modeste pour attirer à notre idée les sympathies des hommes sérieux et pratiques, mis aux prises avec les difficultés de la situation présente, avec le besoin d'en sortir. Mais il y a plus : cette proposition, comme on va le voir, est de nature à rassurer les esprits les plus craintifs, à garantir les intérêts généraux, et à ménager la transition entre la situation actuelle et l'avenir.

IX

Voyons, en effet, comment les choses se passeraient.

Le pays serait appelé à élire une Commission de Constitution, qui n'aurait pas le droit de s'immiscer dans le gouvernement, dont la mission spéciale serait d'examiner les projets constitutionnels relatifs à l'organisation des pouvoirs publics, la loi électorale, et le mode de révision de la Constitution.

Aucun membre de l'Assemblée actuelle ne pourrait faire partie de la *Commission de Constitution* : mais les députés seraient libres de déposer des amendements aux projets de loi soumis à la *Commission de Constitution*. De son côté, la Commission pourrait appeler dans son sein les auteurs des amendements proposés, ainsi que les autres députés qui, par leur lumière et leur science, seraient susceptibles d'éclairer et de faciliter l'œuvre constitutionnelle.

Les séances de la Commission seraient publiques; les procès-verbaux des séances sténographiés et livrés à la plus grande publicité.

Quand les membres de la Commission auraient terminé leur travail, ils se sépareraient, et les projets constitutionnels, qu'ils auraient adoptés, seraient soumis à la ratification populaire.

Pendant la durée de cette Commission, jusqu'au vote définitif de la Constitution, l'Assemblée actuelle continuera à siéger, à s'occuper des affaires du pays; les finances et l'armée resteront entre ses mains; le gouvernement et les pouvoirs publics actuellement existants subsisteront jusqu'à la nomination d'une nouvelle Assemblée.

Les dangers de la situation présente se trouveront ainsi conjurés. Quand l'Assemblée nationale se retirera, le pays doté du gouvernement qu'il aura ratifié, de la Constitution qu'il se sera donnée, qu'il aura sanctionnée, procédera dans son calme à la nomination de ses nouveaux députés.

X

La nomination d'une commission de Constitution, dont les membres ont une mission spéciale, et n'ont aucune part dans le gouvernement, paraîtra sans doute difficile à admettre dans notre pays.

Cependant, qu'on y réfléchisse! Toute assemblée qui est maîtresse des pouvoirs publics, et qui veut faire œuvre constituante, constitue surtout en vue de maintenir les pouvoirs qu'elle détient, et se préoccupe bien moins d'édifier une Constitution durable, appuyée sur la reconnaissance des droits du peuple, que de répondre aux aspirations de son parti, et aux circonstances du moment. Ceci nous explique pourquoi, quand il s'agit de l'œuvre constitutionnelle, l'entente entre les différents partis politiques, qui aspirent les uns et les autres au pouvoir, est difficile, voire même impossible, dans une Assemblée.

Le danger, que nous signalons, existe dans l'Assemblée actuelle; il se reproduira encore dans une Assemblée nouvelle, qui, d'accord, nous voulons l'admettre, sur la nécessité d'établir la République, pourra se diviser sur son mode d'organisation.

Pour échapper à ce danger toujours présent, jamais conjuré tant qu'on laissera à des Assemblées le pouvoir de constituer, il faut rendre à la nation l'exercice de son droit constitutionnel, et lui laisser le soin de se prononcer souverainement, en dernier ressort, sur sa constitution; il faut organiser la procédure constitutionnelle.

XI

L'organisation de la procédure constitutionnelle pourrait prendre corps dans le projet de loi suivant :

PROJET DE LOI

RELATIF A

L'ORGANISATION DE LA PROCÉDURE CONSTITUTIONNELLE.

—

ARTICLE PREMIER.

Le peuple français est convoqué dans ses comices, le . . . . pour nommer une Commission de Constitution.

ARTICLE DEUX.

L'élection aura lieu par département, conformément aux lois et règlements actuellement en vigueur.

ARTICLE TROIS.

Chaque département nommera un Commissaire. sans avoir égard au chiffre de la population.

ARTICLE QUATRE.

Le recensement des votes de chaque département sera
fait en séance publique par la Commission de perma-
nence du Conseil général.

ARTICLE CINQ.

Le recensement général des votes aura lieu au sein de
l'Assemblée nationale.

ARTICLE SIX.

La Commission de Constitution se réunira à . . . . . .
le . . . .

Elle examinera les projets constitutionnels relatifs à
l'organisation des pouvoirs publics, à la loi électorale ;
elle fixera pour l'avenir le mode de révision de la Constitution.

Les Membres de l'Assemblée nationale auront le droit
de déposer des amendements à ces projets.

La Commission aura le droit d'entendre en séance publique les auteurs des amendements, ainsi que les
Députés qu'elle croira nécessaire.

ARTICLE SEPT.

Les séances de la Commission sont publiques ; les procès-verbaux des séances sténographiés et insérés chaque
jour au *Journal officiel.*

Les comptes-rendus libres sont interdits.

ARTICLE HUIT.

La Commission devra terminer son œuvre dans le délai
de trois mois.

Passé ce délai, elle sera dissoute de plein droit.

ARTICLE NEUF.

Les projets constitutionnels adoptés par la Commission seront, dans le mois qui suivra leur adoption, soumis à la ratification populaire.

ARTICLE DIX.

Le peuple sera, à cet effet, convoqué dans ses comices au jour fixé par un décret du gouvernement.

Le vote aura lieu par oui et par non, et sera soumis aux lois et règlements actuellement en vigueur.

XII

L'Assemblée nationale, dans la séance du 19 novembre, a adopté la résolution suivante :

« Une Commission de trente membres « sera nommée en séance publique et au « scrutin de liste pour l'examen des lois « constitutionnelles. »

Nous croyons que la Commission constitutionnelle doit être *spécialement* nommée par la nation. L'Assemblée en a décidé autrement. Nous nous inclinons devant la résolution qu'elle a prise.

Mais pour que la Constitution élaborée par la Commission soit valable, le vote de l'Assemblée ne suffira pas : il faudra soumettre la Constitution française à la ratification populaire.

BEAUVAIS, IMPRIMERIE EUGÈNE LAFFINEUR.

12

www.ingramcontent.com/pod-product-compliance
Lightning Source LLC
Chambersburg PA
CBHW061451050726
47593CB00004B/1547